Dieses Buch gehört:

Carlotta Wamper

Alle Tipps und Informationen in diesem Buch sind sorgfältig
ausgewählt und geprüft. Dennoch können weder Autorin noch Verlag
eine Garantie übernehmen. Eine Haftung für Personen-, Sach- und
Vermögensschäden ist ausgeschlossen.

5 4 3 2 1
ISBN 3-8157-2573-9
© 2003 Coppenrath Verlag, Münster
Alle Rechte vorbehalten, auch auszugsweise
Text und Illustrationen: Thea Roß
Redaktion: Annette Güthner
Printed in Belgium
www.coppenrath.de

Waldemars Garten-küche

Thea Roß

COPPENRATH

Inhaltsverzeichnis

Hallo, Gärtnerin! Hallo, Gärtner!

Für jede erfolgreiche Gärtnerin und jeden erfolgreichen Gärtner geht es nach der Ernte in der Küche weiter. Als alter Gartenprofi verrate ich dir, was du brauchst und wie du vorgehst, um Gemüse und Obst aus dem eigenen Garten lecker zuzubereiten. Im „Gartenküche"-Buch findest du viele einfache Rezepte von mir, die wirklich immer gelingen. Du wirst richtig stolz sein, wenn du mit deinen Gästen köstliche Gerichte aus deinem eigenen Garten genießen kannst. Die beste Gelegenheit dazu ist ein Gartenfest an einem schönen Tag. Auch dafür gibt es prima Tipps!

Das Tolle an der Gartenküche ist, dass du all das verarbeiten kannst, was du selbst gesät oder gepflanzt und schließlich geerntet hast. Vor allem ist die Gartenküche sehr abwechslungsreich. Denn es lässt sich ja immer nur das zubereiten, was der Garten gerade hergibt. Und im Juni ist bekanntlich ganz anderes Obst und Gemüse reif als im September.

Aufgebaut ist das Buch nach dem Jahreskreis. Es geht los mit Rezepten für die Früchte, die im Garten zuerst reif sind. Und was erst im Spätsommer oder Frühherbst geerntet werden kann, findest du mit passenden Rezepten im hinteren Teil des Buches. Manchmal „knallt" es richtig in den Beeten! Denn dann sind viele Gartenfrüchte gleichzeitig reif. Und du weißt gar nicht recht, was du zuerst ernten und zubereiten sollst. Möglicherweise fällt die Ernte ab und zu ein bisschen mager aus. Dann reicht die Zutatenmenge für das Rezept nicht. Vielleicht waren die Schnecken schneller als du. Oder das Wetter war zu kalt, zu trocken oder zu nass. Nun, damit müssen eine Gärtnerin und ein Gärtner immer rechnen. Kaufe dann einfach das fehlende Gemüse oder Obst auf dem Wochenmarkt dazu! Achte dabei darauf, dass alles schön frisch und knackig ist!

So, und nun ab in die Küche
und viel Spaß beim Zubereiten der leckeren Gerichte!

Das wünscht dir dein

Waldemar

Waldemars Küchenregeln und -tipps

Meine Küchenregeln und -tipps werden dir bestimmt nützlich sein!

1. Frage zuallererst Mama, Papa oder einen anderen Erwachsenen, *ob* du die Küche benutzen darfst!

2. Wasche deine Hände besonders gründlich! Schmutz und Keime sollen ja schließlich nicht in deinem Essen landen!

3. Lies dir das Rezept, nach dem du kochen möchtest, sorgfältig durch! Denn es ist wichtig, dass du nichts übersiehst. Sonst gelingt dir das Gericht womöglich nicht.

4. Stelle alle nötigen Küchengeräte und die abgewogenen oder abgemessenen Zutaten bereit!

5. Bereite das Obst oder Gemüse sorgfältig vor, das du weiterverarbeiten möchtest!

6. Bitte Mama, Papa oder einen anderen Erwachsenen um Hilfe, wenn du mit scharfen Messern oder elektrischen Geräten umgehen möchtest!

7. Für Koch- und Backzeiten solltest du einen Küchenwecker bereit halten!

8. Denke immer daran, Herd und Backofen nach Gebrauch sofort wieder auszuschalten!

9. Halte stets Topflappen oder Topfhandschuhe bereit, um Heißes anzufassen!

10. Wenn du dich doch einmal verbrennst, musst du die Stelle sofort unter fließendes, kaltes Wasser halten. Das nimmt den ersten Schmerz und verhindert meistens, dass sich eine Brandblase bildet.

11. Mache zum Schluss alles wieder sauber und räume die Küche auf! Dann darfst du bestimmt bald mal wieder neue Rezepte ausprobieren.

Was Köche wissen müssen ...

In jedem Kochbuch findest du Begriffe, die eine Köchin und ein Koch kennen müssen. Hier sind ein paar der wichtigsten Ausdrücke und was sie bedeuten!

Gemüse muss vor der Zubereitung natürlich erst einmal **geputzt** werden. Dabei entfernst du Wurzeln, Stielansätze, Schalen oder Blätter. Natürlich sollte das Gemüse vorher auch gewaschen sein.
Obst wird unter fließendem Wasser gewaschen, dann gegebenenfalls entkernt/entsteint und geschält.

Kochen heißt so viel wie, dass ein Nahrungsmittel in sprudelnd heißer Flüssigkeit gegart wird. Wenn die Kochzeit vorüber ist, ist das Nahrungsmittel fertig gekocht, also gar.

Köcheln bedeutet, dass man das Nahrungsmittel bei schwacher Hitze ganz langsam gart.

Vom **Dünsten** ist die Rede, wenn ein Nahrungsmittel in wenig Fett und mit etwas Flüssigkeit bei mittlerer Hitze im geschlossenen Topf gegart wird.

Braten heißt, dass man das Nahrungsmittel in heißem Fett in einer Pfanne oder in einem offenen Topf bräunt und gart.

Das **Abschmecken** findet zuletzt statt: Gewürze wie zum Beispiel Salz, Pfeffer oder Zucker werden in kleinen Mengen dem Gericht zugefügt. Dann probiert man, ob es so schmeckt oder ob noch ein bisschen nachgewürzt werden muss.

Und was heißt eigentlich kleine, mittlere oder starke Hitze?

Wenn in einem Rezept von kleiner Hitze die Rede ist, stellst du die Herdplatte auf Werte zwischen 1 und 4 ein. Bei mittlerer Hitze sind es die Werte 5 bis 8. Und starke Hitze bedeutet, dass die Herdplatte auf Werte zwischen 9 und 12 eingestellt werden muss.
Im Backofen bedeutet schwache Hitze etwa 120° bis 170° Celsius. Die mittlere Hitze liegt ungefähr zwischen 170° und 220° Celsius. Und für starke Hitze musst du etwa 220° bis 300° Celsius einstellen.

Mengenangaben und Küchengeräte

Damit deine Gerichte gut gelingen, solltest du dich genau an die Mengenangaben halten, die in den Rezepten angegeben sind. Dabei sind die Mengen immer so bemessen, dass zwei Personen mit Bärenhunger gut satt werden können.

Küchenwaage

Messbecher

Je nach dem, wie groß die Menge ist, die du abwiegen oder abmessen möchtest, wirst du ganz unterschiedliche Geräte benutzen:
für größere Mengen Waage, Messbecher und Tasse,
für kleinere Mengen Löffel, Messer und Fingerspitzen.

Tasse, gestrichen voll

Esslöffel (EL) und Teelöffel (TL), jeweils gestrichen voll

eine Prise

eine Messerspitze

Für die Zubereitung deiner Gerichte sind diese Küchengeräte hilfreich.
Kennst du sie denn schon alle?

Küchenmesser

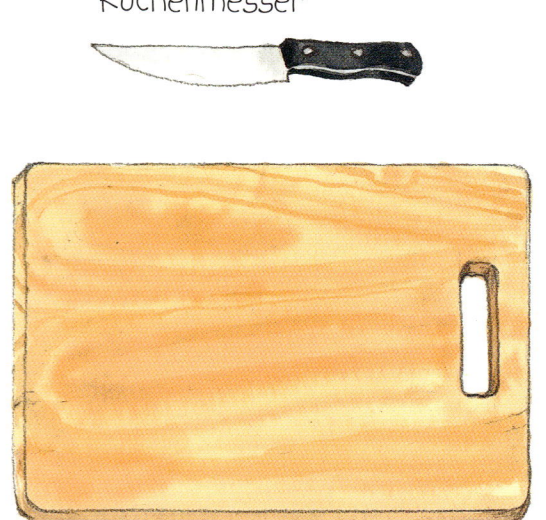
Schneidebrett

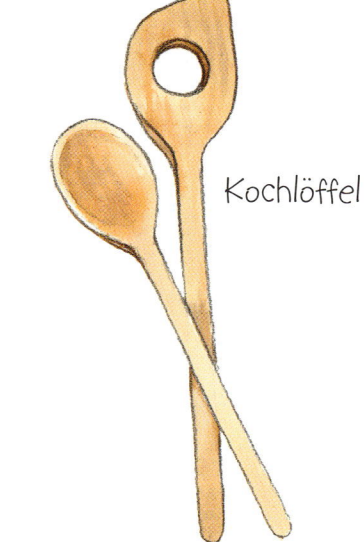
Kochlöffel

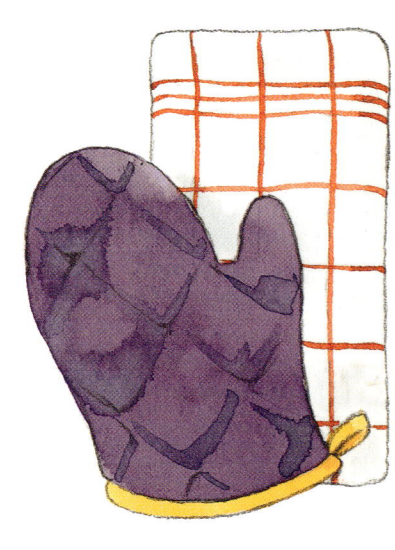
Topfhandschuh und Küchenhandtuch

Schneebesen

Rührschüssel

Pfannenwender

Kochtöpfe

Schöpfkelle

Bratpfanne mit Deckel

Reibe bzw. Gurkenhobel

Auflaufform

Nudelholz

Kuchenförmchen

Eiswürfelschale

Schaumkelle

Backblech

Salatschüssel

Mit meiner Schürze bin ich vor Klecksen sicher!

Salatbesteck

Kartoffelstampfer

Sieb

Köstliches mit Kräutern und Keimlingen

Hast du schon erfolgreich Sprossen aus Samen gezogen? Gedeihen deine Küchenkräuter im Kräuterschachbrett gut? Dann sind diese Rezepte goldrichtig für dich! Der Vorteil an den Kräutern ist, dass es sie ziemlich lange gibt und du sie für viele deiner Gerichte verwenden kannst. Außerdem sind sie reich an Vitaminen und Mineralstoffen. Und obendrein schmecken sie einfach herrlich!

Kräuterquark

Aus den sehr gesunden Kräutern und Sprossen kannst du dir einen schmackhaften Brotaufstrich zaubern.

Für den Kräuterquark brauchst du:

1 kleines Paket Speisequark,

3 EL Sahne oder Milch,

½ TL Salz,

je ein Sträußchen Petersilie und Schnittlauch, Sprossen nach Belieben.

Und so wird's gemacht:

Zuerst werden die Kräuter und Sprossen gewaschen und gut abgeschüttelt. Dann schneidest du die Kräuter klein.

Gib den Quark in eine Schüssel und rühre Salz und Sahne oder Milch unter!

Zum Schluss vermischst du den Quark mit den Kräutern. Wenn du die Sprossen noch oben auf dein Brot streust, hast du eine richtige Vitaminbombe!

Kräuterquark schmeckt auf Brot jeder Sorte wirklich lecker!

Kräuterpfannkuchen

Pfannkuchen magst du bestimmt auch gern, oder?
Mit Marmelade schmecken sie ja wirklich fein.
Auch Apfel-, Kirsch- oder Pflaumenpfannkuchen
sind Klasse. Aber hast du schon mal Pfannkuchen
mit Kräutern probiert? Hmmm!

Hoppla!

Hier die Zutatenliste:

1 Tasse Mehl,

1 Tasse Wasser,

1 Ei,

½ TL Salz,

1 kleine, gehackte Zwiebel,

1 EL geriebener Käse,

6 bis 8 EL gemischte Kräuter,

zum Beispiel Petersilie, Schnittlauch,

Dill, Thymian, Majoran oder Kerbel,

etwas Öl für die Pfanne.

Die Zubereitung geht so:

Verrühre das Mehl, das Ei,
das Wasser und das Salz in
der Rührschüssel zu einem
glatten Teig!

Lass den Teig ungefähr eine
halbe Stunde zum Quellen
stehen!

Danach hebst du die gehackte
Zwiebel, den geriebenen Käse und
die klein geschnittenen Kräuter
unter den Pfannkuchenteig.

 Jetzt lässt du die Pfanne ganz heiß werden
und schaltest die Herdplatte auf mittlere Hitze herunter.

Gib vorsichtig etwas Öl in die
Pfanne und lass mit der
Schöpfkelle einen Klacks Teig
in die Mitte der Pfanne laufen!

Wenn die dünnen Pfannkuchen
auf einer Seite schön braun
gebraten sind, wendest du sie.

Bald ist auch die andere Seite
fertig.
Guten Appetit!

Salate mit leckeren Soßen

Viele Gemüse kannst du roh essen. Besonders saftig, zart und knackig ist junges Gemüse. Oft schmeckt es sogar leicht süßlich. Natürlich musst du jedes Gemüse gründlich unter fließendem Wasser waschen und danach abtropfen lassen. Sonst schmeckt dein Salat hinterher wässrig.

Neben den Kräutern kannst du die folgenden Gemüse roh in deinem Salat verwenden: Radieschen, Blattsalate, Gurke, Zucchini, Tomaten, Zwiebeln, Möhren, Kohlrabi, Zuckererbsen und Paprika. Und welche Gemüse sollten in einem Salat sein? Nimm einfach das, was du am liebsten isst und was dir am besten schmeckt!

Richtig perfekt wird ein Salat allerdings erst durch die Soße. Ich habe hier drei leckere Soßen-rezepte für dich! Probiere sie aus und schau einmal, welche Soße dir am besten schmeckt!

Essig-Öl-Soße (Vinaigrette)

Ganz einfach und schnell geht die Essig-Öl-Soße. Das französische Wort dafür ist „vinaigrette".

Für die Vinaigrette benötigst du:

2 EL Essig,

1 Messerspitze Salz,

1 EL Kräuter nach Wahl,

1 Prise Pfeffer,

4 EL Öl.

Am besten gehst du so vor:

Gib den Essig in die Rühr-schüssel und rühre das Salz mit dem Schneebesen unter, bis es sich aufgelöst hat!

Nun kommen die klein geschnit-tenen Kräuter und der Pfeffer hinzu. Vermische alles und lass die Soße etwa 10 Minuten lang stehen, damit die Kräuter ihren Geschmack entfalten können!

Zum Schluss fügst du das Öl hinzu und rührst die Soße noch einmal gut durch.

Gieße die Soße über deinen Salat, den du in der Salatschüssel angerichtet hast, und vermische alles vorsichtig!

Jogurtsoße

Vor allem im Sommer ist die leckere, leichte Jogurtsoße sehr beliebt. Das kommt daher, dass sie immer so frisch schmeckt!

Hier die Zutaten für die Jogurtsoße:

1 Becher Naturjogurt,

1 EL Zitronensaft,

$\frac{1}{2}$ TL Salz,

$\frac{1}{2}$ TL Senf,

2 EL Öl,

1 Sträußchen Schnittlauch – fein gehackt.

Und so wird's gemacht:

Gib die Zutaten der Reihe nach in die Schüssel und verrühre sie mit dem Schneebesen! Schon ist die Soße fertig! Zu Gurkensalat schmeckt sie mit Dill besonders lecker!

Süße Sahnesoße

Etwas ganz Besonderes ist die süße Sahnesoße! Und das Tolle daran: Sie ist schnell gemacht!

An Zutaten brauchst du:

1 Tasse süße Sahne oder Crème fraîche,

den Saft einer Zitrone,

1 kleine, gehackte Zwiebel,

1 Prise Salz,

1 Prise Pfeffer,

1 EL Zucker,

1 Sträußchen Schnittlauch – fein gehackt.

Nun zur Zubereitung:

Nacheinander gibst du die Zutaten in eine Schüssel und verrührst alles gut miteinander. Zum Schluss schmeckst du die Soße noch mit Salz, Pfeffer und Zucker ab.

Feines aus Radieschen

Radieschen, frisch gewaschen und geputzt, sehen in jedem Salat besonders schön aus. Du kannst sie ganz, halbiert oder in Scheibchen hinzufügen. Toll machen sich auch Verzierungen, die du mit einem Messer vorsichtig in die Radieschen hineinschneidest. Wunderschöne, kleine Kunstwerke entstehen da!

Radieschensalat mit Kresse und Ei

Aus Radieschen und Kresse kannst du dir einen besonders feinen Salat zubereiten. Wusstest du, dass du dir die Kresse das ganze Jahr über selbst ziehen kannst? So hast du immer die Möglichkeit, deine Salate mit Kresse zu verfeinern. Und auf einem Butterbrot schmeckt die Kresse sowieso.

Für den Radieschen-Kresse-Salat sind nötig:

etwa 20 Radieschen,	1 TL Petersilie,
1 Vinaigrette,	2 hart gekochte, gewürfelte Eier,
1 TL frischer Majoran,	2 EL Kresse.

So gehst du vor:

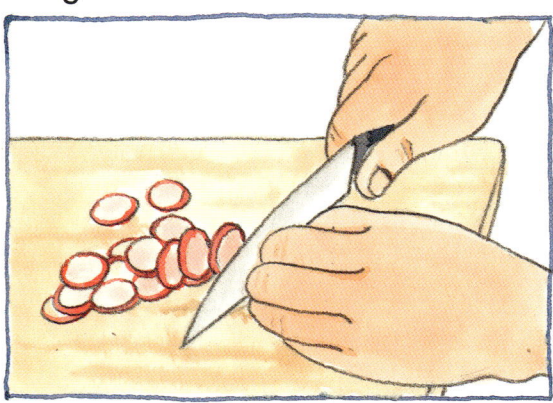

Die Radieschen werden gewaschen, geputzt und in Scheiben geschnitten.

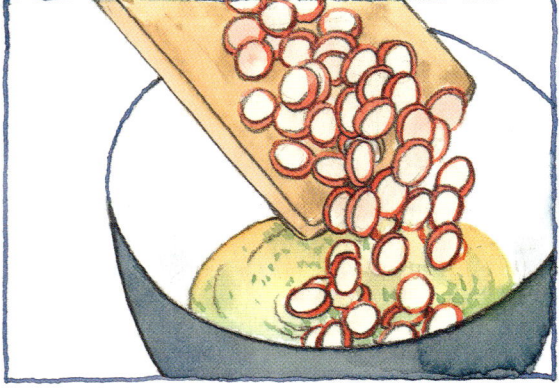

Rühre die Essig-Öl-Soße an und gib Radieschen und gehackte Kräuter hinzu!

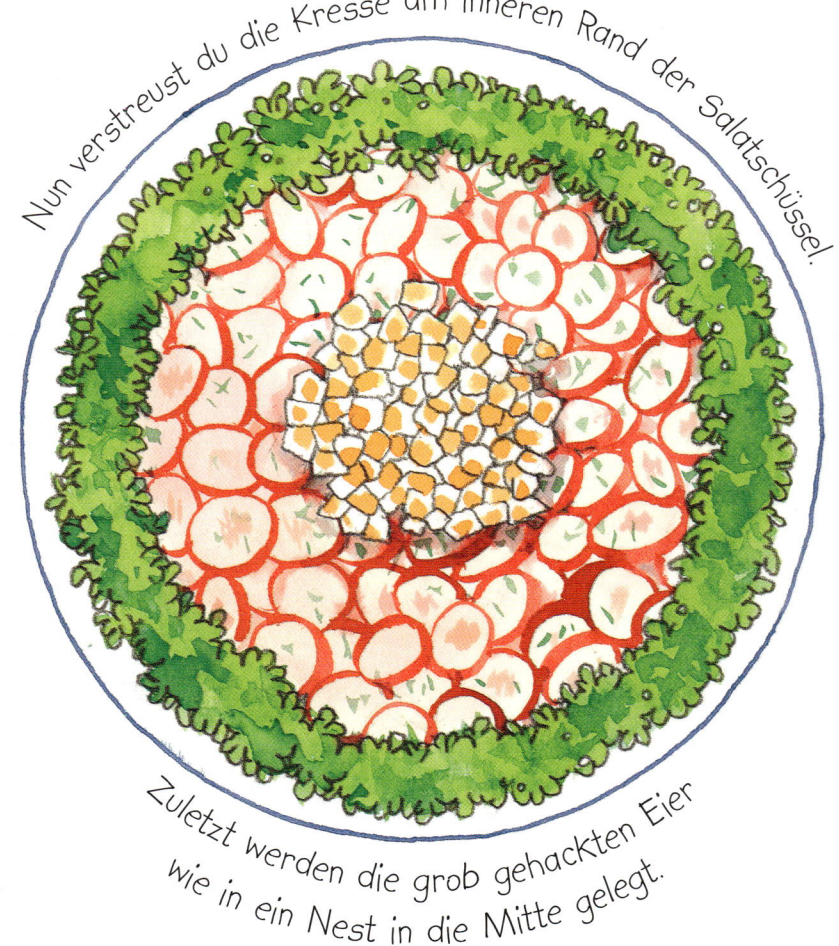

Nun verstreust du die Kresse am inneren Rand der Salatschüssel.

Zuletzt werden die grob gehackten Eier wie in ein Nest in die Mitte gelegt.

Das sieht schön aus und schmeckt superlecker!

Radieschen-Apfelsalat

Mein Lieblingssalat mit Radieschen ist der Radieschen-Apfelsalat! Die Mischung aus Gemüse und Obst ist wirklich fein! Na, magst du das Rezept nicht mal ausprobieren?

Du benötigst für Salat und Soße:

etwa 40 Radieschen,

2 Äpfel,

1 Becher Naturjogurt,

1 EL süße Sahne,

den Saft einer $\frac{1}{2}$ Zitrone,

1 TL Zucker,

1 EL Schnittlauch.

Und so wird's gemacht:

Zuerst musst du die gewaschenen und geputzten Radieschen grob raspeln. Dann schälst, viertelst und entkernst du die Äpfel und raspelst sie ebenfalls grob.

Nun verrührst du die Zutaten für die Soße und hebst die geraspelten Radieschen und Äpfel unter. Lass den Salat ein bisschen stehen, bevor du ihn servierst! Dann kann er schön durchziehen.

Lege zur Dekoration ein paar Apfelschnitze auf den fertig angerichteten Salat!

Rund um die Zwiebel

Zwiebeln hast du ja schon im letzten Herbst geerntet. Gut getrocknet sind sie bis weit in den Sommer zu gebrauchen. Roh kannst du Zwiebeln für alle Salate verwenden. Du kannst sie fein oder auch grob hacken. Oder du verzierst deinen Salat mit runden Zwiebelringen. In der Pfanne goldbraun geröstete Zwiebelringe schmecken besonders gut, vor allem auf einem Butterbrot oder zu gebratenem Fleisch.

Zwiebelsalat mit Würstchen

Ein Salat aus Zwiebeln? Wundere dich nicht, aber so ein Zwiebelsalat ist wirklich etwas Feines!

Hier die Liste mit Zutaten:

3 dicke Zwiebeln,

3 geschälte Äpfel,

3 Gewürzgurken aus dem Glas,

1 Bockwürstchen,

6 EL Wasser,

6 EL Essig,

1 Prise Zucker,

1 Jogurtsoße.

Am besten gehst du so vor:

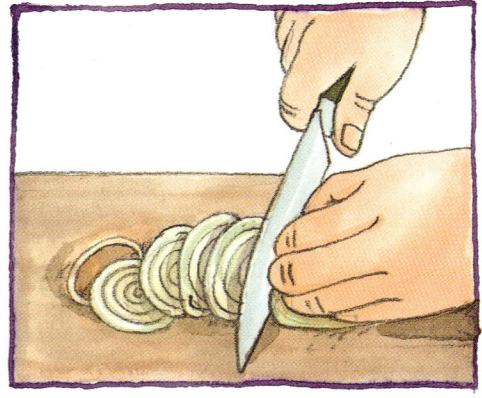

Enthäute zunächst die Zwiebeln und schneide sie in Ringe!

Dann viertelst und entkernst du die Äpfel und schneidest sie in Würfel. Auch die Gurken werden gewürfelt.

Verrühre nun Wasser, Essig und Zucker in einer Schüssel und gib die Zwiebelringe, die Apfel- und die Gurkenwürfel dazu!

Am besten lässt du diese Mischung einen Tag zugedeckt schön durchziehen.

Schließlich wird noch das Bockwürstchen in Scheiben geschnitten und zusammen mit der Jogurtsoße unter den Zwiebelsalat gehoben.

Zwiebeltee

Kennst du das? Du hast Kopf- und Gliederschmerzen, vielleicht auch einen Schnupfen. Dein Hals tut schrecklich weh. Und du fühlst dich einfach nur schlapp? Ganz klar: Du bist richtig schwer erkältet. Dagegen gibt es ein prima Hausmittel! Denn bei Erkältung wirkt Zwiebeltee wahre Wunder! Du wirst sehen!

Für den Tee benötigst du:
2 große Zwiebeln,
½ Tasse Wasser,
2 Tassen Fencheltee aus dem Beutel,
Honig, so viel dir schmeckt.

So wird der Tee zubereitet:

Zuerst enthäutest du die Zwiebeln, hackst sie grob und lässt sie in Wasser etwa 15 Minuten lang kochen.

Dann gießt du alles durch ein Sieb und mischst die Zwiebelflüssigkeit mit dem Fencheltee. Den Zwiebel-Fencheltee kannst du mit Honig süßen.

**Trinke den Tee am besten dreimal täglich –
so heiß wie möglich!
Das tut dir gut und hilft bestimmt!**

Endlich Erdbeeren!

Erdbeeren sind die ersten süßen Früchte im Garten. Schon im Juni kannst du die saftigen, roten Erdbeeren ernten.

Erdbeereis

Wenn deine Ernte sehr reich ausfällt und du nicht gleich alles aufisst, kannst du dir selbst Erdbeereis machen.

Hier die Zutaten:

250 g Erdbeeren,
2 Tassen Buttermilch,
eine ½ Tasse Zucker.

Und nun zur Zubereitung:

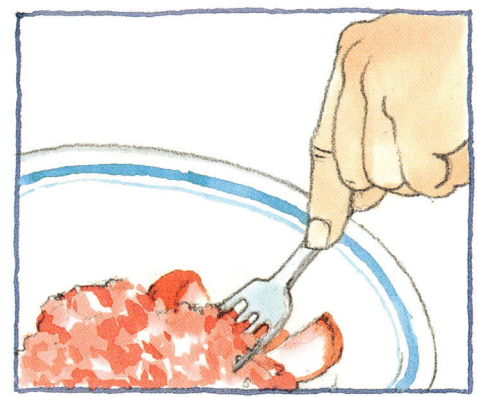

Wasche die Erdbeeren und entferne die Stielchen mit den Blättern! Dann schneidest du die Erdbeeren in Stücke und zerdrückst sie mit einer Gabel zu Mus.

Gib das Erdbeermus in eine Schüssel, gieße Buttermilch und Zucker dazu und verrühre alles gut miteinander!

Anschließend füllst du den Erdbeerbrei in eine Eiswürfel-schale und stellst sie ins Tiefkühl-fach. Es dauert schon ein paar Stunden, bis alles durchgefroren und zu Erdbeereis geworden ist.

Wenn es so weit ist, nimmst du die Schale aus dem Gefrierfach heraus, wartest ein paar Minuten und stürzt das Eis dann auf einen Teller.
Stecke in jedes Feld der Eiswürfelschale einen Zahnstocher, bevor du das Ganze ins Gefrierfach stellst. Dann hast du nachher Erdbeereis am Stäbchen!

Erdbeeren im Eismantel

In ein sommerliches Erfrischungsgetränk passen ganz toll
die superschnell gemachten Erdbeer-Eiswürfel.

Du brauchst nur:

ganze Erdbeeren – gewaschen und entstielt.

Jetzt geht es los:

Fülle die Eiswürfelschale bis zur
Hälfte mit Wasser und lege in
jedes Feld eine ganze Erdbeere!
Schiebe die Eiswürfelschale
dann ins Gefrierfach!

Sobald die Erdbeeren festgefroren
sind, füllst du die Schale vollständig
mit Wasser auf und stellst sie ins
Tiefkühlfach zurück.

Nach ein paar Stunden ist alles durchgefroren, und du kannst deine Erdbeeren im Eismantel
in die Getränkegläser füllen.

Erdbeerquark

So ein Erdbeerquark mit frischen Erdbeeren
ist wirklich etwas Feines!

An Zutaten benötigst du:

1 großen Becher Speisequark,
1 Tasse Milch,
1 Päckchen Vanillezucker,
Zucker nach Geschmack,
1 bis 2 Schalen Erdbeeren.

Der Quark ist ganz leicht zubereitet:

Vermische in einer Schüssel Quark, Milch, Vanillezucker und Zucker miteinander!
Wenn die Quarkmasse zu dick ist, kannst du noch etwas Milch hinzufügen.
Danach rührst du die gewaschenen, entstielten und geviertelten Erdbeeren unter den Quark.
Fülle den Erdbeerquark in kleine Schälchen und lege ein paar von den Erdbeervierteln, die du
zurückbehalten hast, zur Dekoration auf den Quark!

Kirschenzeit

Auf die Kirschenernte im Juli freue ich mich immer! Da muss ich nur aufpassen, dass die Vögel nicht alle Kirschen auffressen. Obwohl: Ein kleines „Dankeschön" haben die Vögel ja verdient für all das Ungeziefer, das sie verzehrt haben.

Heiße Kirschsoße über Vanilleeis

Mein liebstes Kirschenrezept ist das für die Kirschsoße, die zu Vanilleeis einfach köstlich schmeckt!

Dafür brauchst du:

4 Tassen entsteinte Kirschen,
$\frac{1}{2}$ l Wasser,
2 EL Zucker,
1 $\frac{1}{2}$ EL Zitronensaft,
1 EL Speisestärke,
2 EL Wasser,
1 Packung Vanilleeis.

Am besten gehst du so vor:

Zuerst musst du die Kirschen entsteinen.
Zieh dir vor dem Entsteinen eine Schürze über! Denn Kirschsaft macht üble Flecken!

Fülle nun die entsteinten Kirschen in einen Topf und gib Wasser, Zucker und Zitronensaft hinzu! Bringe das Ganze zum Kochen und lass es bei schwacher Hitze und geschlossenem Deckel 15 Minuten lang köcheln!

Inzwischen verrührst du in einer Tasse die Speisestärke mit den 2 Esslöffeln Wasser und gibst diesen Brei unter ständigem Rühren in die Kirschsuppe, bis sie eindickt.

Wenn es so weit ist, nimmst du den Topf vom Herd. Verteile das Vanilleeis in kleine Schälchen und gieße die heiße Kirschsoße darüber! Hmmm, lecker!

Tipp: Kirschen im Eismantel sind genauso lecker wie Erdbeeren im Eismantel. Und die Zubereitung läuft gleich ab. Auch Kirschpfannkuchen schmecken toll. Für beide Rezepte nimmst du natürlich entsteinte Kirschen.

Knuspriger Kirschauflauf

Wirklich nicht zu verachten ist der herrlich knusprige Kirschauflauf!
So saftig, so süß, einfach köstlich!

Hier die nötigen Zutaten:

400 g entsteinte Kirschen,
200 g Haferflocken,
3 EL Butter,
1 Prise Salz,

2 Eier,
½ l Milch,
4 EL Zucker,
etwas Öl für die Auflaufform.

So bereitest du den Auflauf zu:

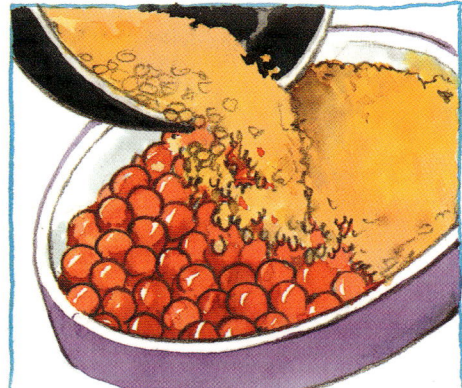

Zunächst röstest du die Haferflocken mit Salz in der heißen Butter etwa 15 Minuten lang. Dabei musst du die Haferflocken immer gut durchrühren, damit sie nicht anbrennen.

Fülle dann die Hälfte der Haferflockenmasse in eine gefettete Auflaufform! Die entsteinten Kirschen verteilst du auf der Masse und gibst dann die restlichen Haferflocken darüber.

Nun verquirlst du die Eier mit der Milch und schüttest die Eimilch über deinen Auflauf. Zuletzt wird noch Zucker drübergestreut.

Den Kirschauflauf lässt du
bei 200° Celsius
ungefähr 45 Minuten lang
im Ofen backen.
Lass es dir schmecken!

Einfach vielseitig: Kartoffeln

Auf die ersten geernteten Kartoffeln freue ich mich ganz besonders. Schon im Juli kann es so weit sein. Guck mal: Sehen diese Kartoffeln nicht wunderschön aus? Und man kann so viel damit machen! Hier habe ich die wichtigsten Kartoffel-Grundrezepte für dich!

Salzkartoffeln

Leckere Salzkartoffeln sind ein echter Klassiker. Besonders gut schmecken sie zu Fisch!

Du brauchst:

600 g Kartoffeln,
1 TL Salz,
1/4 l Wasser.

So werden die Salzkartoffeln gemacht:

Schäle die Kartoffeln und wasche sie gründlich! Fülle die Kartoffeln dann mit dem Salz und dem kalten Wasser in den Topf! Nun wird das Ganze bei starker Hitze zum Kochen gebracht.

Wenn das Wasser sprudelnd kocht, schaltest du auf mittlere Hitze herunter und lässt die Kartoffeln noch etwa 20 Minuten bei geschlossenem Deckel weiterkochen. Sind deine Kartoffeln gar? Spieße ein Küchenmesser in eine Kartoffel und hebe sie etwas aus dem Kochwasser heraus! Wenn sie langsam vom Messer in den Topf zurücksinkt, kannst du das Wasser abgießen. Denn dann sind die Kartoffeln fertig.

Pellkartoffeln

Leckere Pellkartoffeln schmecken zu allen Fleisch- oder Fischgerichten. Natürlich kannst du sie auch zu einem Auflauf verarbeiten, Kartoffelsalat oder leckere Bratkartoffeln daraus machen.

An Zutaten benötigst du:

600 g Kartoffeln,
1 TL Salz,
1 l Wasser.

Zu Pellkartoffeln schmeckt unser Kräuterquark einfach super!

Schnell und leicht sind die Pellkartoffeln zubereitet:

Wasche die ungeschälten Kartoffeln gründlich und fülle sie mit Salz und Wasser in den Topf! Nun werden die Pellkartoffeln genauso gekocht wie die Salzkartoffeln.
Wenn die Kartoffeln gar sind und du das Kochwasser abgegossen hast, musst du die Kartoffeln nur noch pellen, also mit dem Küchenmesser von ihrer Schale befreien.

Kartoffelpüree

Bratwürste mit Sauerkraut mag ich am liebsten mit Kartoffelpüree! Natürlich muss das Püree selbst gemacht sein! Schmeckt einfach viel besser!

Für das Püree brauchst du:

600 g Kartoffeln,

1 TL Salz,

1 l Wasser,

1 Tasse heiße Milch,

2 EL Butter,

1 Prise Muskat,

etwas Salz.

So gehst du vor:

Schäle und wasche die Kartoffeln und koche sie zu Salzkartoffeln!

Von dem Kartoffelwasser solltest du beim Abgießen ein bisschen aufheben.

Nun wird die Milch erhitzt. Vorsicht: Sie darf nicht kochen!

Fülle dann die heißen Kartoffeln in die Schüssel und zerstampfe die Kartoffeln mit dem Kartoffelstampfer!

Gib die heiße Milch und die Butter dazu und stampfe alles noch einmal gut durch!
Das Kartoffelpüree sollte schön cremig sein.

Wenn nötig, gießt du einfach noch etwas Kartoffelwasser hinzu und schlägst alles mit dem Schneebesen kräftig durch.

Zum Schluss kommt noch etwas Muskat dazu. Das gut verrührte Püree kannst du mit etwas Salz abschmecken.

Tolle Tomaten

Tomaten passen roh zu allen Mischsalaten. Es gibt mittlerweile ganz viele verschiedene Tomatensorten. Neben den ganz „normalen" Tomaten kennst du bestimmt auch die kleinen Cocktail-Tomaten. Sie sind besonders aromatisch und schmecken leicht süß.

Tomatensalat

Nichts geht über einen richtig schönen Salat mit frischen Tomaten!

Für den Tomatensalat benötigst du:

4 große, feste Tomaten,
1 Sträußchen Basilikum,
gewürfelten Gouda-Käse nach Belieben,
1 Vinaigrette mit fein gehackten Zwiebeln.

Und so wird's gemacht:

Wasche und halbiere die Tomaten und entferne dann den grünen Stielansatz! Anschließend legst du die Tomaten mit der Schnittfläche auf ein Brett und schneidest sie in Scheiben.

Gib alle Tomatenscheiben in eine Schüssel! Die Basilikumblätter werden gewaschen, grob gehackt und anschließend über die Tomaten gestreut.

Rühre nun noch eine Vinaigrette an und gieße die Soße über die Tomatenscheiben!
Du kannst zum Schluss gewürfelten Gouda-Käse über deinen Salat geben.
Das verfeinert das Ganze ein bisschen.

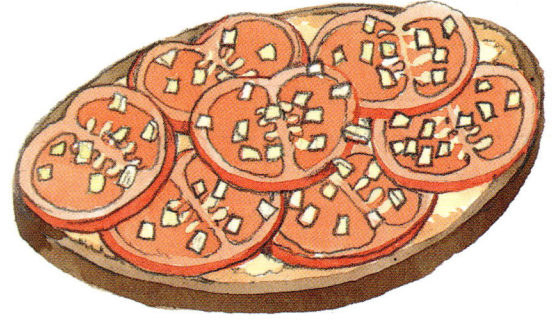

Sehr lecker und ganz schnell gemacht sind Tomatenbrote!

Bestreiche einfach eine Scheibe Brot mit Butter oder Margarine und belege sie mit Tomatenscheiben!
Streue dann je eine Prise Salz und Pfeffer und ein paar fein gehackte Zwiebeln darüber! Fertig!

Selbst gemachte Tomatensoße

Magst du auch so gerne Nudeln mit Tomatensoße? Dann bereite die Tomatensoße doch einmal selbst zu! Du wirst sehen, wie einfach das ist. Hier kommt auch schon das Rezept!

An Zutaten sind nötig:

2 kg reife Tomaten,
1 Zwiebel,
2 Knoblauchzehen,
2 EL Butter,
2 EL Öl,

je ½ TL Oregano,
Basilikum, Thymian,
1 TL Petersilie,
½ TL Salz,
1 Messerspitze Pfeffer.

In meine Tomatensoße könnte ich mich reinsetzen!

Los geht es:

1

Ritze zuerst mit dem Messer in alle Tomaten oben ein Kreuz und lege die Tomaten mit einer Schaumkelle vorsichtig in einen Topf mit kochendem Wasser!

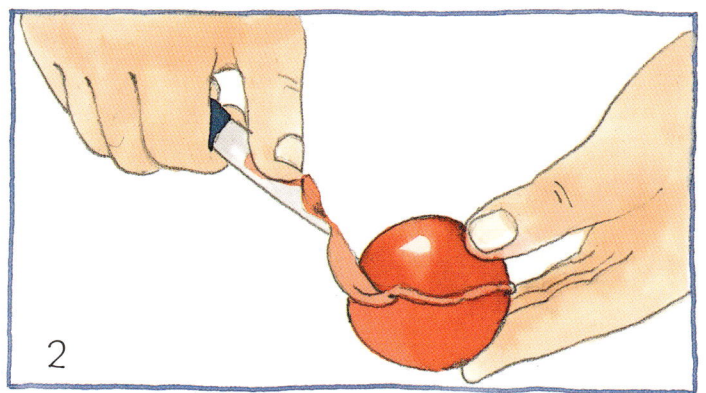

2

Nach etwa 2 Minuten nimmst du die Tomaten wieder aus dem Topf heraus und lässt sie kurz abkühlen. Jetzt kannst du die Tomatenhaut mit dem Messer ganz leicht abziehen und die Tomaten in große Stücke schneiden.

3

Erhitze kurz eine große Pfanne und schalte auf mittlere Temperatur herunter! Gib dann das Öl und die Butter hinein, danach die klein geschnittenen Zwiebeln und Knoblauchzehen! Lass alles unter ständigem Rühren schön glasig werden!

4

Nun fügst du die Tomatenstücke, die gehackten Kräuter und die Gewürze hinzu und verrührst alles miteinander. Bei schwacher Hitze und ohne Deckel muss die Soße jetzt mindestens eine Stunde vor sich hin köcheln. Je dicker die Soße wird, desto öfter musst du sie umrühren!

Servieren kannst du die Tomatensoße zu deinen Lieblingsnudeln!

Lang und grün: Gurken und Zucchini

Gurken

Salatgurken kannst du ab Juli im Garten ernten. Sie passen wunderbar zu allen Mischsalaten. Dabei lassen sich die Gurken geschält oder auch – gut gewaschen – mit Schale verarbeiten. Probiere immer erst am anderen Ende als dem Stielende, ob deine Gurke auch nicht bitter schmeckt! Sonst ist nämlich dein ganzer Salat verdorben. Und das wäre doch schade, oder?

Gurkensalat

An heißen Sommertagen ist so ein leichter Gurkensalat genau richtig!

Ich hobele hier den Gurkenkönig!

Dafür brauchst du:

1 Salatgurke,
1 Becher Naturjogurt,
1 Messerspitze Salz,
1 Messerspitze Pfeffer,
1 TL Dill.

Zubereitet wird der Salat so:

Schneide die geschälte oder gut gewaschene Gurke in dünne Scheiben! Das geht mit dem Gurkenhobel besonders gut. Rühre dann noch aus dem Jogurt, den Gewürzen und dem gehackten Dill eine Soße an und gib diese über den Gurkensalat! Fertig!

Gurkentaler

Auch die Gurkentaler sind schnell gemacht!

Hier die Zutaten:

1 Salatgurke,
1 Packung Hüttenkäse,
$\frac{1}{2}$ TL Salz,
je 1 TL Petersilie
und andere Kräuter.

Und so wird's gemacht:

Schneide die geschälte oder gewaschene Gurke in dicke Scheiben und lege diese auf einen Teller! Dann verrührst du den Hüttenkäse mit dem Salz und den Kräutern und gibst von dieser Mischung mit einem Löffel auf jede Gurkenscheibe einen dicken Klacks. Auf Knäckebrot schmecken die Taler besonders lecker.

Zucchini

Meist können Zucchini im Juli erstmals geerntet werden. Kleine Zucchini – gut gewaschen und fein gewürfelt – kannst du prima roh in alle Mischsalate geben. Große Zucchini solltest du immer erst schälen und dünsten, bevor du sie weiterverarbeitest.

Zucchinigemüse mit Tomaten

Superlecker ist dieses Zucchinigemüse, das eine richtige Mahlzeit abgibt.

Für das Gemüse brauchst du:

1 große Zucchini,
500 g Tomaten,
5 gehackte Zwiebeln,
250 g durchwachsenen Speck,
2 EL Öl,
1 TL Thymian,
1 TL Oregano,
1 Dose Tomatenmark,
etwas Salz und Pfeffer.

So wird das Gemüse zubereitet:

Zuerst schälst du die Zucchini und schneidest sie der Länge nach durch.

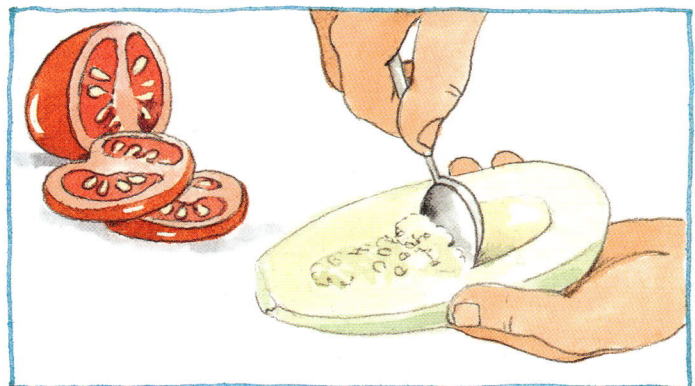

Dann schabst du die Kerne aus der Zucchini heraus und würfelst sie. Die Tomaten werden halbiert und in Scheiben geschnitten.

Gib nun etwas Öl und den gewürfelten Speck in eine große Pfanne und brate alles kurz an!

Füge die Zwiebeln, die Zucchiniwürfel, die Tomatenscheiben und die gehackten Kräuter hinzu und dünste das Ganze bei geschlossenem Deckel etwa 20 Minuten lang! Zum Schluss rührst du das Tomatenmark unter. Mit Salz und Pfeffer kannst du das Zucchinigemüse noch abschmecken.

Möhren, Karotten oder gelbe Rüben?

Das hast du vielleicht schon mitbekommen: Für die Möhre gibt es ganz unterschiedliche Ausdrücke – je nach dem, wo du lebst. Aber unabhängig davon schmecken Möhren überall einfach lecker. Frisch gezogen und gut gewaschen lassen sie sich wunderbar aus der Hand knabbern. Wenn du dann noch einige übrig gelassen hast, kannst du dir ja ein feines Möhrengemüse zubereiten.

Möhrengemüse mit Honig

Möhren haben einen leicht süßlichen Geschmack.
In der Kombination mit dem Honig kannst du
das noch ein bisschen herausstellen.

Hier die Liste mit Zutaten:

400 g Möhren,
1 EL Butter,
2 EL Honig,
Salz und Pfeffer nach Geschmack,
1 Sträußchen Petersilie.

Bei der Zubereitung gehst du so vor:

Zuerst wäschst und putzt du die Möhren.

Schneide sie dann in etwa 3 cm lange Stifte!

Lass die Butter in der Pfanne langsam
zergehen und brate die Möhren an!

Nun gibst du den Honig und die Gewürze hinzu
und dünstest das Möhrengemüse bei mittlerer
Hitze und geschlossenem Deckel etwa 15 Minuten lang!
Probiere zwischendurch immer mal wieder,
ob die Möhren schon gar sind!
Zuletzt streust du die gehackte Petersilie
über das Gemüse.

Möhren-Apfel-Salat

Bereite doch mal meinen Lieblingssalat mit Möhren zu! Sehr zu empfehlen!

Für eine große Schüssel Salat brauchst du:

500 g Möhren,

2 Äpfel,

den Saft einer Zitrone,

1 TL Zucker.

Der Salat ist ganz schnell gemacht:

Zuerst werden die Möhren gewaschen und geputzt.

Die Äpfel schälst und viertelst du und befreist sie von ihrem Kerngehäuse.

Auf der Reibe werden die Möhren grob geraspelt. Dasselbe machst du mit den Äpfeln.

Beträufele die Äpfel schnell mit dem Zitronensaft, damit sie nicht braun anlaufen!

Zuletzt gibst du die geraspelten Möhren und Äpfel in eine Schüssel und vermischst das Ganze mit dem Zucker.

Ich glaube, ich lass den Hasenmatz vor Ostern da nicht wieder raus!

Tipp: Richtig süß wird dein Salat, wenn du statt der Äpfel Rosinen nimmst. Wasche die Rosinen (ungefähr eine Tasse voll) gründlich und lass sie in einem kleinen Topf mit zwei Tassen Wasser 5 Minuten lang kochen! Die Rosinen sollten im Sieb gut abgetropft sein, bevor du sie – zusammen mit einer Tasse Apfelsaft – unter den Salat hebst.

Klein, aber oho: Erbsen

Erbsen kannst du längere Zeit ernten. Während die Pflanze oben noch blüht, hat sie schon die ersten Schoten angesetzt. Diese jungen Erbsenschoten kannst du roh, mit und ohne Schote, knabbern.

Zuckererbsengemüse

Am leckersten sind die süßen Zuckererbsen. Mit ihnen lässt sich ganz einfach eine warme Gemüsebeilage zaubern.

An Zutaten sind nötig:

400 g junge Zuckererbsenschoten,
½ l Salzwasser,
1 EL Butter,
1 bis 2 EL gehackte Petersilie.

Die Zubereitung geht so:

Zuerst werden die jungen Erbsenschoten gewaschen, geputzt und in einem Topf mit Salzwasser etwa 5 Minuten lang gar gekocht.

Danach schüttest du die Schoten in ein Sieb und lässt sie gut abtropfen. Gib die Butter in den Topf und bringe sie langsam zum Schmelzen! Vorsicht: Butter fängt leicht an zu brennen!

Nun werden die abgetropften Erbsenschoten kurz in der zerlassenen Butter geschwenkt.

Richte das Gemüse auf Tellern an und bestreue es mit der Petersilie!

Erbsen in Sahnesoße

Besonders lecker sind Pahlerbsen in einer feinen Sahnesoße. Schon probiert? Bevor es mit der Zubereitung losgehen kann, musst du die Erbsen erst aus den Schoten herauslösen. Das nennt man „pahlen".

Autsch! Vielleicht bin ich ja eine Maulwurfsprinzessin auf der Erbse!

Das alles brauchst du:

3 Tassen Erbsen,

1 TL Butter,

3 EL Wasser,

$\frac{1}{2}$ Tasse süße Sahne,

1 gehackte Zwiebel,

den Saft einer $\frac{1}{2}$ Zitrone,

1 Prise Salz,

1 bis 2 TL Zucker.

Und so wird's gemacht:

Gib die Butter in einen Topf! Wenn sie zerlassen ist, schwenkst du die Erbsen darin.

Nun fügst du das Wasser hinzu und dünstest die Erbsen etwa 8 Minuten lang bei geschlossenem Deckel.

Lass die Erbsen in einem Sieb abtropfen!

Rühre Sahne, Zwiebel, Zitronensaft, Salz und Zucker zusammen und mische die abgetropften Erbsen darunter!

Zuletzt kannst du dein Gericht nochmals abschmecken.

Leckeres mit Feuerbohnen

Wenn du dir ein Feuerbohnenwigwam angelegt hast, kannst du sicher jede Menge Feuerbohnen ernten. Auf keinen Fall solltest du die Feuerbohnen roh verzehren! Denn rohe Bohnen sind giftig! Sie müssen also immer erst gegart werden. Dabei kannst du die kleinen, jungen Feuerbohnen mit Schote garen. Bei den großen Bohnenschoten solltest du die Böhnchen vor dem Garen erst aus den Schoten herauslösen. Die gepahlten Bohnen lassen sich prima trocknen. Dann sind sie lange haltbar.

Feuerböhnchensalat mit Käse

Besonders gerne mag ich den Feuerbohnensalat mit einer süß-sauren Soße.

Hier die nötigen Zutaten:

500 g junge Bohnenschoten,

1 l Salzwasser,

4 Tomaten,

100 g Gouda-Käse,

200 g Fleischwurst,

1 Vinaigrette mit 1 Prise Zucker.

Bei der Zubereitung gehst du so vor:

1

Wasche und putze die Böhnchen und lass sie in Salzwasser 15 Minuten lang kochen!

2

Danach müssen die Bohnen in einem Sieb gut abtropfen.

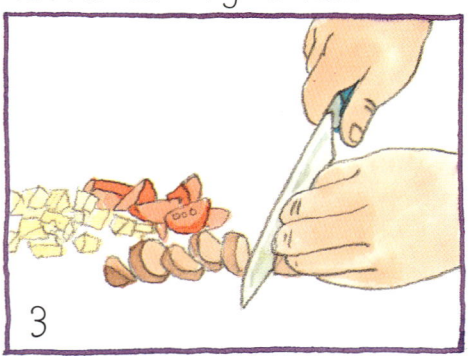
3

Nun schneidest du Tomaten, Käse und Fleischwurst klein und mischst alles unter die Böhnchen.

4

Rühre eine Vinaigrette an und verfeinere sie mit einer Prise Zucker! Zuletzt wird die Soße über den Salat gegossen und alles nochmal so richtig durchgemischt.

Feuerbohnentopf nach Cowboy-Art

Ja, im Wilden Westen! Da saßen die Cowboys abends am Lagerfeuer zusammen und aßen ihren Feuerbohnentopf. So einen Bohneneintopf kannst du dir ganz leicht selbst zubereiten. Probiere mein Rezept doch einfach mal aus!

Du brauchst dafür:

500 g getrocknete Feuerbohnen,
2 ½ l Wasser,
1 TL Salz,
6 Wiener Würstchen,
Ketschup nach Geschmack.

Und nun zur Zubereitung:

1

Am Abend vorher weichst du die getrockneten Bohnen in einer Schüssel mit Wasser über Nacht ein.

2

Erst am nächsten Tag bringst du die eingeweichten Bohnen mit dem übrig gebliebenen Wasser und dem Salz zum Kochen. Das Ganze lässt du bei schwacher Hitze etwa 2 Stunden lang vor sich hin köcheln. Schütte dann das Kochwasser ab!

3

Schneide die Wiener Würstchen in Scheiben und rühre sie unter die Bohnen!

4

Nun muss das Ganze noch gewürzt werden: Gib so viel Ketschup hinzu, bis dir dein Feuerbohnentopf schmeckt!

Pizza „Gärtnerin"

Pizza isst du doch gerne, oder etwa nicht? Als Belag für deine Pizza kannst du fast alle Gemüse verwenden, die in deinem Garten wachsen: Zwiebeln, Tomaten, Zucchini, Knoblauch, Paprika und natürlich Kräuter.

Pizzateig

Den Teig für deine Pizza kannst du dir fertig aus dem Kühlregal im Supermarkt besorgen. Du kannst den Pizzateig aber auch selbst zubereiten. Wie das geht, siehst du hier.

Hmmm, wie das duftet!

Für den Teig für ein Blech benötigst du:

500 g Mehl,

40 g Hefe,

6 EL Öl,

1 Tasse warmes Wasser,

1 Prise Salz.

So wird der Hefeteig gemacht:

Gib das Mehl in eine Schüssel und forme in der Mitte eine Mulde!

Nun bröselst du die Hefe in eine Tasse. Rühre etwas Wasser und einen Esslöffel Mehl unter!

Gieße den Brei in die Mehlmulde, streue etwas Mehl darüber und bedecke die Schüssel mit einem Tuch!

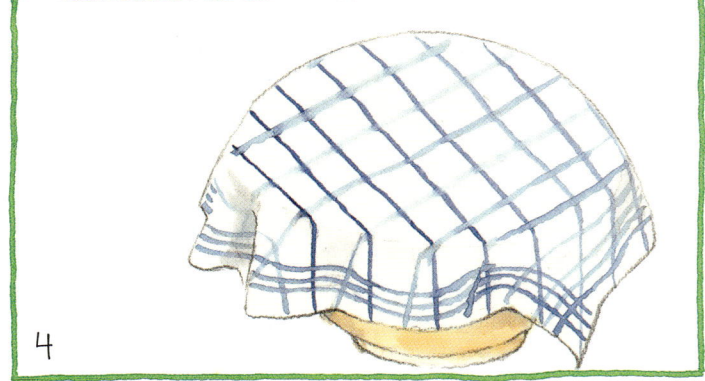

Lass das Ganze 20 Minuten an einem warmen Ort stehen, damit dieser Vorteig „gehen" kann!

Danach gibst du das restliche Wasser, das Öl und das Salz in die Schüssel und verrührst alles gut.

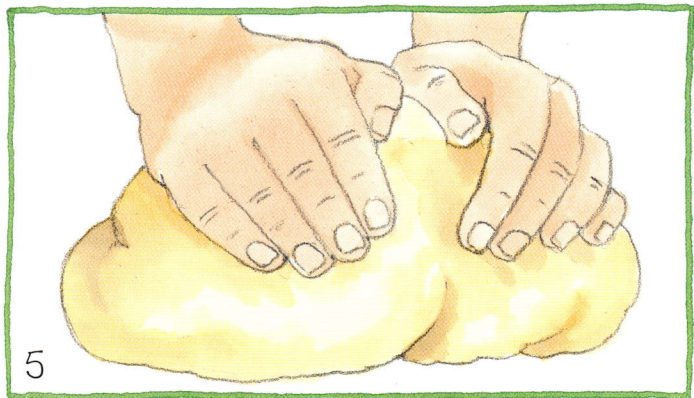

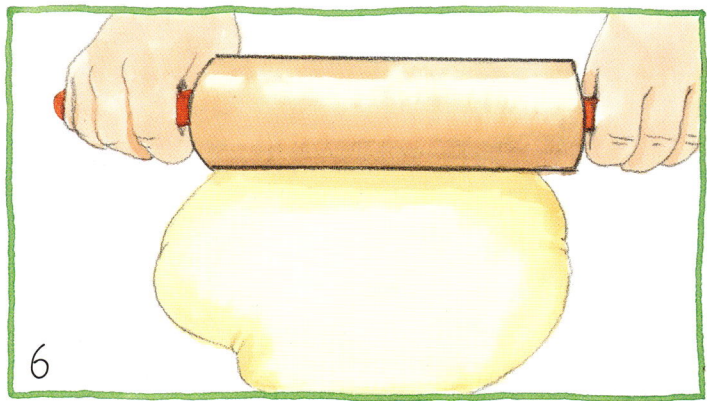

Jetzt musst du mit beiden Händen den Teig mindestens 5 Minuten lang gut durchkneten, sodass ein schöner Klumpen entsteht.

Den Teig legst du dann auf eine mit Mehl bestreute, glatte Fläche und rollst ihn mit dem Nudelholz so lange nach allen Seiten hin aus, bis er die Größe und die Form des Backbleches hat.

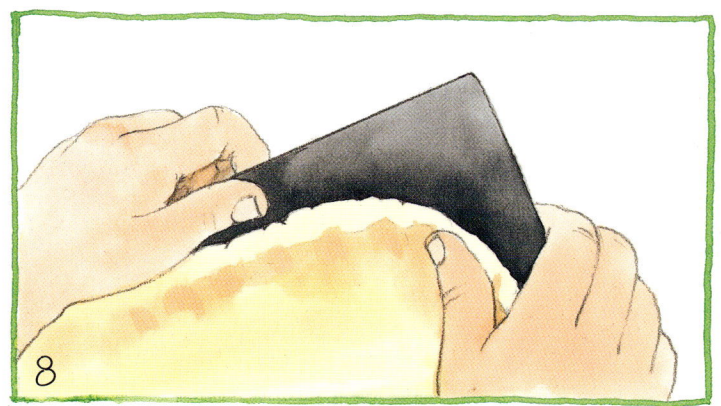

Lege den Teig auf das eingefettete Backblech!

Drücke ihn mit den Fingern hoch genug gegen den Rand und in die Ecken!

Pizza-Tomatensoße

Wenn der Teig fertig auf dem Backblech liegt, wird er mit Tomatensoße bestrichen. Die selbst gemachte Tomatensoße von Seite 27 eignet sich dafür prima. Und wenn dir dafür die Zeit fehlt? Dann machst du dir einfach eine schnelle Tomatensoße!

Dafür brauchst du:

1 Tetrapak pürierte Tomaten,
2 gehackte Knoblauchzehen,
$\frac{1}{2}$ TL Salz, 1 Messerspitze Pfeffer,
4 EL Öl.

Schnell ist die Soße zubereitet:

Gib alle Zutaten in eine Schüssel und verrühre sie miteinander! Dann verteilst du die Soße gleichmäßig auf dem Teig.

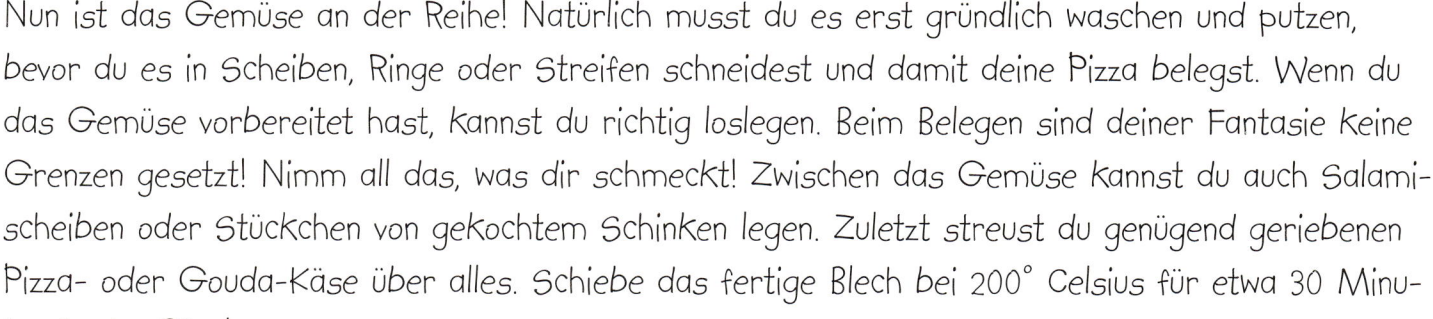

Pizza-Belag

Nun ist das Gemüse an der Reihe! Natürlich musst du es erst gründlich waschen und putzen, bevor du es in Scheiben, Ringe oder Streifen schneidest und damit deine Pizza belegst. Wenn du das Gemüse vorbereitet hast, kannst du richtig loslegen. Beim Belegen sind deiner Fantasie keine Grenzen gesetzt! Nimm all das, was dir schmeckt! Zwischen das Gemüse kannst du auch Salamischeiben oder Stückchen von gekochtem Schinken legen. Zuletzt streust du genügend geriebenen Pizza- oder Gouda-Käse über alles. Schiebe das fertige Blech bei 200° Celsius für etwa 30 Minuten in den Ofen!

Herrlich saftige Pflaumen

Im Sommer ist im Garten wirklich viel los! Plötzlich sind auch die Pflaumen reif. Da machst du dir natürlich zuerst einmal leckere Pflaumenpfannkuchen. Aber Achtung: Pflaumenzeit ist Wespenzeit!

Pflaumensuppe

Wirklich lecker ist auch Pflaumensuppe.
Und das Rezept dafür ist recht einfach.

An Zutaten sind nötig:

500 g entsteinte Pflaumen,
$1/8$ l Wasser,
1 Zimtstange,
2 EL Vanillepuddingpulver,
3 EL Zucker,
$1/2$ l Milch.

Hier die Zubereitung der Pflaumensuppe:

Zuerst schneidest du die gewaschenen und entsteinten Pflaumen in kleine Stücke.

Zusammen mit dem Wasser und der Zimtstange lässt du die Pflaumen etwa 8 Minuten kochen. Dabei musst du ständig rühren, damit nichts am Topfboden ansetzt und anbrennt.

Vermische dann das Puddingpulver mit dem Zucker und rühre die Milch hinein!
Diese Mischung gibst du nun ins Pflaumenmus und lässt alles noch einmal aufkochen.

Lass deine Pflaumensuppe erkalten! Denn gekühlt und mit einem Klacks Schlagsahne versehen schmeckt sie am aller-, allerbesten.

Pflaumenkuchen vom Blech

Ein Rezept für einen saftigen Pflaumenkuchen darf natürlich nicht fehlen! Für die Zubereitung des Hefeteigs nimmst du am besten das Rezept von Seite 36. Das Tolle am Hefeteig ist ja, dass du ihn deftig oder auch süß belegen kannst.

Für den Pflaumenkuchen brauchst du:

1 gefettetes und mit Hefeteig belegtes Backblech,
gut 500 g entsteinte Pflaumen,
4 EL Zucker,
1 TL Zimt.

Und so wird's gemacht:

Du bereitest den Hefeteig nach Rezept zu und legst ihn auf das mit etwas Öl eingefettete Backblech.
An Pflaumen benötigst du so viele, wie entsteinte Pflaumen auf dem Blech nebeneinander Platz haben. Natürlich musst du die Pflaumen vorher waschen, aufschneiden und entsteinen.
Heize den Backofen bei 200° Celsius vor!
Wenn du die Pflaumenhälften auf den Teig gelegt hast, schiebst du das Backblech in den Ofen.
Nach ungefähr 30 Minuten kannst du den Pflaumenkuchen aus dem Ofen holen, ihn mit der Zimt-Zucker-Mischung bestreuen und noch warm servieren.

Ich liebe Pflaumenkuchen mit gaaaaaanz viel Schlagsahne!

Große Apfelernte

Am besten schmecken mir die Äpfel direkt vom Baum. Im Spätsommer ist es endlich so weit!
Da sind viele Äpfel auf einmal reif. Eine gute Gelegenheit, um gute Freunde zu leckeren
Apfelgerichten einzuladen!

Apfelmus

Apfelmus ist eine prima Beilage zu
vielen Kartoffelgerichten und
natürlich auch zu Süßspeisen.
Du kannst es sogar für
kleine Apfeltörtchen verwenden.

Hier die Zutatenliste:

1 kg Äpfel,
1/2 l Wasser,
Zucker nach Belieben,
den Saft einer Zitrone.

So wird das Apfelmus zubereitet:

Schäle alle Äpfel, viertele sie
und entferne die Kerngehäuse,
Blütenansätze und Stiele!

Danach schneidest du die Äpfel in kleine
Würfel und gibst sie mit dem Wasser und
dem Zucker in einen Topf. Lass alles aufkochen und gare das Ganze bei schwacher
Hitze 5 Minuten lang!

Wenn dein Apfelmus abgekühlt ist, zerschlägst
du die übrig gebliebenen Apfelstückchen mit
dem Schneebesen. Zuletzt wird das Apfelmus
mit Zucker und Zitronensaft abgeschmeckt.

Natürlich kannst du dir auch Apfelpfannkuchen backen. Wie das geht, liest du am besten im Rezept für die Kräuterpfannkuchen nach. Nur nimmst du statt der Kräuter geschälte und geschnittene Äpfel. Und die Zwiebel und den Käse lässt du weg.

Apfeltörtchen

Kleine Apfeltörtchen sind ganz schnell gemacht. Vor allem, wenn du das Apfelmus schon vorbereitet hast.

Für etwa fünf Törtchen benötigst du:

1 Packung fertigen Blätterteig
aus dem Kühlregal,
gut 10 EL Apfelmus,
3 Äpfel,
etwas Öl für die Förmchen.

Hier die Zubereitung:
Fette die Backförmchen zunächst mit etwas Öl ein!

Lege dann in jedes Förmchen eine Teigplatte und drücke den Teig mit den Fingern fest in den Rand!

Mit einer Gabel stichst du mehrmals in den Teigboden ein.

Fülle nun das Apfelmus in die Förmchen und gib anschließend die gewaschenen und geschnittenen Äpfel darüber!

Im Ofen werden die Törtchen bei 250° Celsius ungefähr 30 Minuten lang gebacken.

Groß und rund: Kürbisse

Vielleicht hast du dich schon gefragt, was du nur mit dem riesigen Kürbis in deinem Beet machen sollst? Natürlich wirst du viel Freude an einer Halloween-Laterne haben. Einfach in den ausgehöhlten Kürbis ein paar Löcher für Augen, Nase und Mund geschnitzt, ein Teelicht hineingesetzt und den Deckel aufgelegt:
Fertig ist dein Kürbisgeist!
Wie du aus dem Fruchtfleisch leckere Speisen kochen kannst, das zeige ich dir in zwei tollen Rezepten.

Hallo!
Haaaallo!

Kürbissuppe

Wenn im Herbst die Tage kürzer werden, schmeckt die Kürbissuppe einfach prima!

Für einen großen Topf Suppe brauchst du:

1 kg Kürbis,
1 gehackte Zwiebel,
1 l Salzwasser,
1 l Brühe,
2 TL Butter,
1 Messerspitze Muskat.

Am besten gehst du so vor:

Schneide den Kürbis einmal durch, entferne dann die Kerne mit einem Löffel und würfele das Fruchtfleisch!

Nun bringst du das Salzwasser zum Kochen und garst die Kürbis- und die Zwiebelwürfel darin etwa 15 Minuten lang. Danach gießt du das Wasser ab.

Mit dem Kartoffelstampfer zerdrückst du im Topf alles zu Mus und rührst die Brühe und die Butter mit dem Schneebesen langsam ein.

Lass die Suppe noch einmal aufkochen und schmecke sie zum Schluss mit etwas Muskat ab!

Kürbismarmelade

Auch Kürbismarmelade ist leicht zu machen! Auf frischem Brot oder knusprigen Brötchen schmeckt sie wirklich köstlich!

An Zutaten benötigst du:

500 g Kürbiswürfel,

500 g Apfelwürfel,

1 l Wasser,

1 kg Gelierzucker,

den Saft von 3 Zitronen.

So wird die Marmelade zubereitet:

Gib das gewürfelte Kürbisfleisch in einen großen Topf mit Wasser und lass es etwa 10 Minuten lang kochen, sodass es noch nicht ganz gar ist!

Dann fügst du die Apfelwürfel hinzu und lässt alles abkühlen.

Nun rührst du den Gelierzucker und den Zitronensaft hinein und lässt das Ganze noch einmal 4 Minuten lang sprudelnd kochen.

Danach musst du die Marmelade ganz heiß in die heiß ausgespülten Gläser füllen. Verschließe die Gläser fest und stelle sie zum Abkühlen auf den Kopf!

Herrliches Gartenfest

Was gibt es Schöneres, als bei schönem Wetter ein Gartenfest zu feiern?
Mit einer hübsch gestalteten Karte lädst du deine Freunde zur Gartenparty ein. Lass dir von jedem Kind sein Lieblingsrezept mitbringen. Die gesammelten Rezepte werden in ein Heft geklebt. Und jeder Gast schreibt eine Widmung für dich dazu.

Mach dir bei der Vorbereitung deines Gartenfestes Gedanken darüber, welche Gerichte du für deine Gäste kochen möchtest. Das hängt natürlich davon ab, was an Gemüse und Obst im Garten gerade reif ist.

Zur Erdbeerzeit kannst du zum Beispiel ein Erdbeerfest geben. Dann gibt es für alle Kinder Erdbeereis, Erdbeerquark und Limonade mit Erdbeer-Eiswürfeln.

Auf einer Salatparty sorgst du für bunt gemischte Salate mit leckeren, selbst gemachten Soßen.

Selbstverständlich kannst du die Gerichte auch mit deinen Gästen zusammen zubereiten. Doch habt ihr dann nicht so viel Zeit zum Spielen.

Für eine gemeinsame Zubereitung eignen sich prima

leckere Doppeldecker-Brote. Jeder bestreicht eine Scheibe Brot mit Butter oder Margarine. Dann wird eine Scheibe Salami, Schinken oder Käse obendrauf gelegt. Nun kommt ein Salatblatt, danach eine Tomatenscheibe. Hierauf gibt jeder einen dicken Klacks Majonäse und streut Kräuter oder Sprossen darüber. Zuletzt wird eine zweite Brotscheibe auf die Scheibe mit dem Belag gelegt. Fertig!
Wer den größten Doppeldecker hat, muss den Mund am weitesten aufmachen!

Zu einem guten Essen gehört natürlich ein schön gedeckter Tisch. Neben Tellern, Besteck, Bechern und Servietten solltest du auch an Tischkärtchen denken. Vergiss ein paar hübsche Deko-Gegenstände nicht – passend zum Motto deines Gartenfestes. Auf einer Kürbis-Party zum Beispiel dürfen die Halloween-Laternen nicht fehlen. Und bei einem Tomatenfest kannst du durchaus ein paar Tomaten auf dem Tisch verteilen. Ja, und Lampions passen eigentlich immer!

Was du mit deinen Gästen auf dem Gartenfest außer essen und trinken und Spaß haben noch tun kannst? Dazu fällt euch doch bestimmt eine Menge ein!